AF466682

LES

BLESSÉS DU TRAVAIL

DEVANT LA SOCIÉTÉ

par

J.-B. GAUTHIER

Industriel

PARIS
IMPRIMERIE ET LIBRAIRIE CENTRALES DES CHEMINS DE FER
IMPRIMERIE CHAIX
SOCIÉTÉ ANONYME AU CAPITAL DE SIX MILLIONS
Rue Bergère, 20
1885

LES

BLESSÉS DU TRAVAIL

DEVANT LA SOCIÉTÉ

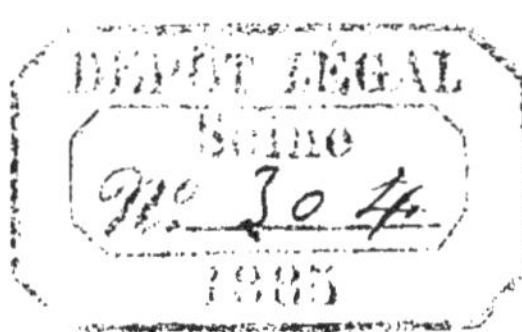

par

J.-B. GAUTHIER

Industriel

PARIS
IMPRIMERIE ET LIBRAIRIE CENTRALES DES CHEMINS DE FER
IMPRIMERIE CHAIX
SOCIÉTÉ ANONYME AU CAPITAL DE SIX MILLIONS
Rue Bergère, 20
1885

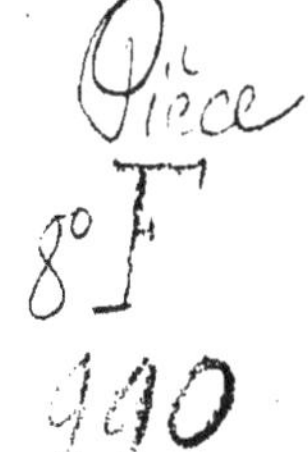

CHAMBRE SYNDICALE

DES

ENTREPRENEURS DE COUVERTURE ET PLOMBERIE

de Paris et du Département de la Seine

RUE DE LUTÈCE, 3 (CITÉ)

EXTRAIT DU RAPPORT

Présenté à l'Assemblée générale du 16 Décembre 1884

PAR

M. J.-B. GAUTHIER, Vice-Président Secrétaire

Sur la proposition de M. V. ROBIN, Président, « l'Asssemblée générale décide » à l'unanimité, que le chapitre du Rapport » annuel, se rapportant à l'étude de la » loi sur les accidents, sera détaché pour » faire l'objet d'une publication spéciale » et en adopte les conclusions. »

Assemblée du 16 Décembre 1884.

LES BLESSÉS DU TRAVAIL

DEVANT LA SOCIÉTÉ

Pages

LES BLESSÉS DU TRAVAIL DEVANT LA SOCIÉTÉ

Aux Pouvoirs Publics.

Aux Chambres Syndicales.

J'ai été chargé par ma Chambre syndicale, de faire une étude de la loi sur les accidents dont les ouvriers sont victimes. Si cette loi devait passer dans notre législation, telle que nous la connaissons en première lecture, elle serait le point de départ d'un abaissement matériel et moral de notre pays : matériel, en ce qu'elle aurait pour effet de décourager l'esprit d'entreprise et de faire baisser la production ; moral, parce qu'elle porte atteinte au principe de la responsabilité, en facilitant la fraude.

Cette loi aurait pour conséquences de faire passer à l'étranger les industries qui ne pourraient plus s'exercer en France sans crainte pour la fortune des patrons, et de fournir des éléments de prospérité nouveaux à des pays voisins qui, mieux organisés, nous font déjà une concurrence contre laquelle nous devons lutter avec la plus grande énergie.

L'esprit de suite nous fait un peu défaut ; dans

nos réformes sociales, nous manquons d'un plan d'ensemble : on a fait une loi sur les syndicats professionnels dans le but de rapprocher le patron de l'ouvrier, et, immédiatement après, on s'applique à en créer une autre, destructive des bienfaits de la première.

Le but de mon étude est de démontrer les dangers, en même temps que l'inefficacité de la loi, avant qu'elle ne subisse l'épreuve de la seconde lecture ; d'appeler l'attention sur ses inconvénients, ses périls, et de frayer un chemin dans un ordre d'idées plus conformes à la réalité des choses. Partant de nos lois générales, des institutions existantes, j'ai cherché le moyen de supprimer l'arbitraire dans la fixation des dommages-intérêts en matière d'accidents, et par l'assurance, d'en répartir équitablement les charges.

Tout en présentant mes conclusions sous une forme codifiée, je n'ai pas la prétention d'avoir fait une loi ; je suis trop ignorant légiste pour entreprendre pareille besogne ; je n'ai eu d'autre but et d'autre visée, que de rendre mes idées compréhensibles, en les développant sous une forme pratique. Après avoir apporté mon tribut de réflexions, je fais appel à l'intelligence et aux lumières de tous, pour la solution d'une question d'où dépendent et la grandeur et la prospérité de notre pays !

J.-B. GAUTHIER,

Vice-Président de la Chambre syndicale de Couverture et Plomberie.

LOI NADAUD SUR LES ACCIDENTS (1)

La Chambre des Députés a voté, en première lecture, une loi sur les accidents qui, par ses tendances, est plus propre à surexciter les esprits qu'à les calmer. Partant d'un sentiment de compassion, louable en soi, mais dépassant le but, cette loi place au sein de notre société, pour secourir des misères inconscientes, un principe de protection qui est pour l'ouvrier une véritable prime à l'imprévoyance, et pour l'homme sans honneur et sans principes, un instrument de vengeance, un moyen de commettre les plus lâches infamies. Il y a des êtres qui se mutilent pour échapper au service militaire; avec cette loi, il y en aura qui se blesseront pour échapper à l'obligation du travail.

L'esprit qui a présidé à la confection de la loi sur les accidents, se retrouve dans cette apostrophe du président de la Commission : « Il n'y a pas de liberté pour l'homme qui » a faim et qui cherche à travailler; il est la proie de celui » qui lui donne du travail. » (2)

(1) Voir le texte de cette loi, annexe n° 1.

(2) Chambre des Députés, séance du 24 octobre 1884, voir l'*Officiel*, page 2112.

Paroles qui reviennent à dire que dans notre société française, l'ouvrier est courbé sous le joug ou meurt de faim.

Or, rien n'est plus injuste, rien n'est plus contraire à la vérité. L'ouvrier, dans notre démocratie, vit libre et indépendant; maître de son travail, il le porte où il lui plaît et il est assez intelligent, assez éclairé, pour savoir qu'indispensable à la production, tous les intérêts doivent compter avec lui. L'ouvrier subit le chômage lorsque le patron subit la pénurie des affaires, il souffre dans son milieu des causes générales qui atteignent la nation, mais rien de plus.

Je ne dirai pas qu'il y a de la mauvaise foi, mais il y a plus que de l'exagération, alors que l'ouvrier s'affirme chaque jour dans la vie publique, à la face de tous, par ses organes, ses syndicats, ses grèves, qu'il domine la société par le suffrage universel, à le représenter, pour les besoins d'une cause, comme un misérable attaché à la glèbe et la proie d'une classe sociale! C'est inexact et sans portée aucune.

Je trouve qu'il y a bien assez de causes de trouble et de mésintelligence dans notre pays, sans y ajouter encore, par une loi, de nouveaux ferments de discorde et de rancune, et j'ajoute que ce n'est pas lorsque la France va en s'appauvrissant, comme le constatent et la diminution des revenus publics, et l'augmentation des impôts, qu'il faut mettre des entraves à l'industrie, et porter le découragement chez les hommes qui, au risque de leur fortune, font travailler les ouvriers pour leur assurer le pain de chaque jour.

L'ouvrier est intéressant, qui le nie? mais est-il donc aussi abandonné que M. Nadaud le dit? je ne le crois pas.

Est-ce que toutes les institutions de prévoyance, les maisons de retraite, les établissements de secours, fondés par la charité privée; les asiles de Vincennes et du Vésinet, soutenus par les entrepreneurs, au moyen d'un prélèvement sur leurs travaux, ne sont pas une affirmation palpable, vivante de l'intérêt de tous pour le sort de l'ouvrier? Est-ce que l'homme blessé dans son travail, par l'imprévoyance où l'incurie, a été jusqu'à ce jour abandonné à lui-même, sans appui et sans secours? Non, parce qu'à côté de la loi plus ou moins efficace, il y a dans nos mœurs un sentiment d'humanité, de compassion, qui nous porte à soulager l'infortune; ce sentiment découle de notre générosité naturelle, de notre caractère national, il importe de ne pas l'atrophier, car pour une société, mieux vaut encore des mœurs que des lois.

J'ai suivi avec attention la discussion de cette loi sur les accidents. Pour étayer les arguments en sa faveur, on a créé des exemples en vue d'exciter la sympathie, mais on n'a apporté à la tribune aucun fait matériel, aucune preuve d'abandon justifiant la nécessité de contraindre par l'obligation, d'arracher par la force, des secours pour les ouvriers blessés. On a mis en présence un exploiteur et des exploités, pris je ne sais où, mais on n'a pas fait comparaître l'industriel français et l'ouvrier de sa fabrique dans leurs rapports en cas d'accident. Si on l'avait fait, on eût appris, que jamais, dans aucune maison, dans aucun établissement, l'ouvrier blessé n'est resté sans secours. Les tribunaux ont quelquefois à se prononcer sur des exigences extrêmes, parce que les intéressés peuvent perdre, les uns vis-à-vis des autres, le sentiment de la mesure, mais je ne crois pas qu'on puisse citer un exemple sérieux d'un refus d'assistance légitime.

Ceci dit, pour dégager la question des accidents de l'exagération du mal, si l'on tient à les classer en dehors du droit commun, il importe de se placer sur le terrain des faits et de les scruter avec la froide raison, pour en déduire une jurisprudence rationnelle.

Un accident est le résultat d'une faute ou d'une imprévoyance, soit du patron, soit de l'ouvrier : c'est le fait ou d'une mauvaise direction, ou de l'incurie de l'exécution et cela, que l'accident ait, ou n'ait pas le caractère professionnel, car ce dernier risque ne peut exister dans la pratique des choses, sans un accident concomitant, permettant de le faire remonter soit au patron, soit à l'ouvrier.

Il y a des professions plus ou moins dangereuses; dans ces dernières, les accidents y sont plus fréquents, mais ils ne revêtent pas un caractère particulier au genre d'industrie. Que l'outil blesse dans une profession classée ou non, les conséquences sont les mêmes pour la victime, et au point de vue social, tous les blessés sont intéressants au même degré. L'accident n'a pas de qualité, il est donc inutile, sinon dangereux, de créer des classes prêtant à l'arbitraire et à l'équivoque. Les accidents que la loi veut garantir ont tous le même caractère occasionnel, quel qu'en soit, du reste, le plus ou moins d'importance et de gravité.

Quant aux accidents résultant des bravades, des témérités insensées, des désobéissances contre toute raison, entraînant péril certain, ils ne peuvent pas plus être visés par une loi protectrice que les mutilations intentionnelles; les intérêts généraux de la société, supérieurs à ceux des individus s'y opposent, comme la raison s'oppose à ce que l'incendiaire de sa propre maison, puisse réclamer quoi que ce soit.

Ainsi dégagée et précisée, une loi sur les accidents peut être envisagée sous une forme simple et pratique, n'ayant pas besoin d'un grand développement.

L'accident tombe ou ne tombe pas sous la responsabilité du patron.

Si l'ouvrier est victime d'un accident reprochable au patron, ce dernier est responsable. L'ouvrier en réclamant la réparation du dommage qui lui est causé, revendique un droit : l'action est directe, elle doit être immédiate et le préjudice réparé à bref délai.

Mais si l'ouvrier a été blessé par une cause qui échappe à la responsabilité du patron, par cas fortuit, par imprudence ou négligence de son fait, il ne peut faire appel qu'à la compassion : voilà évidemment la nuance entre les deux situations.

En matière d'accidents, les dommages-intérêts constituent une pénalité qui ne peut être appliquée que lorsqu'il y a faute commise. C'est une peine pécuniaire qui atteint dans ses ressources celui qui doit l'acquitter; elle est prononcée par les tribunaux, en faveur de la victime, dans la forme des autres condamnations et on ne peut s'y soustraire sans être rebelle à la loi.

Mais en même matière, lorsqu'il n'y a point faute commise, la société a-t-elle le droit, pour se débarrasser des plaintes d'un être marqué par la fatalité, d'un imprévoyant victime de lui-même, de condamner un patron à une peine analogue, ayant pour lui des effets identiques, l'atteignant dans son bien, en le transformant en victime expiatoire de l'incurie de l'ouvrier? Où est alors pour le patron la différence entre innocent et coupable?

La victime de mon imprudence fait appel à la loi qui me

contraint, et c'est justice; mais l'auteur de son propre mal, un homme qui s'est blessé lui-même, un être qui de près ou de loin n'a rien à me reprocher, ne peut faire appel qu'à ma pitié, à ma générosité. On ne peut m'obliger à la charité vis-à-vis d'un imprudent, sans faire à l'incurie, à l'insouciance, une part qu'on ne fait ni à la sagesse ni à la prévoyance. Et j'ajoute ici, en passant, qu'il est dangereux de présenter à des masses pleines de passion, portées par leur situation à la jalousie et à l'envie, des théories et des solutions de nature à atrophier chez elles les sentiments du devoir et de la justice, qui seuls permettent de les gouverner.

En cas de sinistre, on trouve donc en présence deux parties : maître et ouvrier; deux responsabilités en jeu, celle de l'employeur et celle de l'employé. J'avance qu'il ne peut y en avoir une troisième, dite responsabilité de l'entreprise, attendu que la responsabilité de l'entreprise n'est autre que celle de l'entrepreneur, c'est-à-dire du maître, du patron. Or, que l'action en responsabilité s'exerce sous un titre ou sous un autre, que le patron prenne dans sa poche droite ou dans sa poche gauche, c'est toujours finalement par sa caisse qu'il devra payer le dommage en cas de responsabilité.

Notre état social repose sur l'égalité absolue. Les rapports entre les citoyens sont réglés sur ce principe : « Que tout » fait quelconque qui cause à autrui un dommage mérite » réparation. » C'est l'article 1382 du Code, loi de haute civilisation, qui n'admet ni rang ni classe, ni riche ni pauvre. Quiconque nuit à autrui doit un dédommagement, et c'est la loi qui, sur la plainte de la victime, prononce la condamnation et fixe l'indemnité.

La loi étant une pour tous, l'un ne peut causer de préjudice à l'autre sans encourir des dommages-intérêts ; si c'est le patron qui se plaint, il est tenu à la procédure du Code et doit la preuve du fait.

Doit-on changer ce principe lorsque l'ouvrier devient réclamant ? est-il utile, est-il nécessaire, pour donner satisfaction au droit de l'ouvrier, de renverser la procédure qui amène les intérêts devant la loi ? Je ne le pense pas, et en tous cas, je n'y vois pas un avantage de nature à primer l'unité de principe qui existe dans notre législation. Ce qu'il importe pour l'ouvrier, ce n'est point tant son rôle dans sa cause, qu'une protection sérieuse, efficace, qui l'aide à obtenir satisfaction.

L'assistance judiciaire est de droit pour l'ouvrier en cas d'accident, ce qui constitue pour lui la gratuité absolue de la justice, quoi qu'il advienne de sa demande, voilà un premier point acquis. Rendre la procédure aussi prompte que possible, voilà le second point à réaliser, et c'est surtout dans cet ordre d'idées qu'il faut apporter des améliorations.

En effet, les lenteurs de procédure, dans un moment où l'ouvrier a des besoins pressants, sont une cause de gêne, d'incertitude, d'irritation qu'il est bon de lui épargner. On réaliserait un grand progrès en plaçant la connaissance des accidents sous une juridiction active et d'une compétence directe.

L'accident, couvert par la responsabilité du patron, trouve sa solution dans le paiement de l'indemnité au profit de l'ouvrier. Mais par quel moyen atténuer pour l'ouvrier, les conséquences des accidents fortuits, ceux dus à son imprévoyance, sans porter le trouble dans la société par des lois tyranniques, atteignant l'autorité, la respectabilité des hommes dirigeants? Je ne vois que l'assurance. L'assurance seule peut garantir ceux qui travaillent et font travailler, des risques encourus, quels qu'ils soient. Doit-elle être obligatoire ou facultative? Il y a là une question de mœurs publiques à peser avec le plus grand soin.

Sous un régime autoritaire, dans lequel l'État fait et dirige tout, comme en Allemagne, l'assurance qui s'y adapte le mieux, est l'assurance obligatoire fonctionnant par l'État.

Dans un pays républicain, sous une constitution politique plus relevée, qui laisse à l'homme son libre arbitre, aux citoyens l'initiative et la direction des affaires publiques, il ne devrait pas y avoir obligation. L'assurance devrait être privée, régie par les intéressés eux-mêmes; elle devrait découler d'une organisation du travail, librement consentie et acceptée par tous; mais jusqu'à ce que nous ayons cette organisation, qui ne peut naître que des mœurs publiques, jusqu'à l'établissement de caisses professionnelles, assurant à tous les participants les secours en cas d'accidents, l'existence en cas d'incapacité de travail, la rente des vieux jours, je ne vois que l'assurance obligatoire comme moyen pratique de secourir les victimes d'accidents.

Et ici je m'explique:

Dans les discussions à la Chambre des députés, les orateurs ont toujours mis en présence un patron responsable pécuniairement vis-à-vis de l'ouvrier blessé; mais ceux qui sont dans l'industrie, ceux qui sont appelés à toucher du doigt les plaies cachées, les misères et les gênes secrètes, savent qu'un grand nombre de patrons sont finalement irresponsables, parce qu'il serait impossible d'exercer contre eux une action en garantie, pour une somme quelque peu appréciable.

En cas de condamnation prononcée contre un insolvable, quelle sera la situation de l'ouvrier ? que fera-t-il de son droit ? Rien, absolument rien.

Et il ne faut pas prendre ce cas pour une exception. En France il y a beaucoup de petits patrons, très intéressants, forts dignes d'intérêt, mais vivant au jour le jour comme des ouvriers.

Nous tenons du génie de notre race un caractère indépendant, qui nous pousse à nous affranchir de la contrainte à l'obéissance; le rêve de l'ouvrier intelligent et habile, est de s'établir et de travailler à son compte. Les grands établissements qui, dans de certains pays, comme l'Angleterre, l'Allemagne, l'Amérique, absorbent les affaires, sont des exceptions en France, où l'industrie est divisée et subdivisée à l'infini. Dans nos professions (1), sur 800 patrons, il y en a plus de 500 qui ne sont que des ouvriers d'hier, travaillant manuellement avec un, deux ou trois compagnons, et beaucoup ne sont pas plus avancés au point de vue des économies réalisées que les ouvriers qu'ils occupent. Quel recours en cas de responsabilité, quel secours en cas d'accidents, un ouvrier peut-il attendre de cette classe de patrons ? Aucun. Et il est à noter que les accidents sont relativement plus fréquents chez les

(1) Plombiers, couvreurs, zingueurs.

petits patrons où le matériel et l'outillage sont moins soignés, renouvelés moins souvent que dans les grandes maisons.

Qu'adviendra-t-il de l'ouvrier travaillant à son compte pour un propriétaire, comme cela se voit dans les campagnes, et qui subira un accident grave dans l'exercice de sa profession ? La loi ne peut rien pour lui.

Lorsque patron et ouvrier travailleront ensemble, ce qui est la généralité des cas en province, que la fatalité les aura marqués tous deux, comment réglera-t-on le sinistre ? S'ils sont blessés ensemble, sans plus d'argent l'un que l'autre, d'où viendra le secours ?

Si le patron, nouvellement établi, est contraint, par suite d'un accident à donner ses derniers sous à son compagnon blessé, c'est la famille du patron qui souffrira, réduite à l'indigence et à la misère, qu'y gagnera la société ?

L'assurance générale seule, étendue à l'industrie tout entière entre patrons et ouvriers, obvie à cet inconvénient, en rendant les secours possibles, en toutes circonstances quelle que soit la position du maître ou celle de l'ouvrier. Mais cette assurance pour rester moralisatrice, doit s'appuyer sur le principe de la participation et de la responsabilité communes et être contractée et payée par les deux intérêts bénéficiaires.

Cette conception peut être combattue au nom des principes, mais elle présente des avantages sérieux, solides, indiscutables ; elle est autoritaire mais éminemment humanitaire et sociale et, si nous n'avions pas peur des mots, si nous ne tenions plus à la réalité des choses qu'aux idées, je dirais qu'en l'état actuel de nos institutions, c'est la seule applicable.

Dans la loi soumise en première délibération à la Chambre des Députés, il se dégage pourtant une préoccupation excellente, celle de donner une base à l'indemnité. Rien n'est plus embarrassant pour un magistrat, le préjudice constaté et reconnu, que d'y appliquer sa compensation. On a rapporté des écarts d'appréciation très grands, pour des causes identiques, d'où un arbitraire choquant, capable de jeter la déconsidération sur les juges. La somme fixe, applicable au premier venu dans l'accident déterminé, n'est pas équitable, en ce qu'elle ne tient pas compte de la situation de la victime. L'indemnité basée sur le salaire serait plus juste, plus rationnelle. En Suisse, les indemnités pour privation de travail, totale ou partielle, sont évaluées à un capital représentant un nombre de fois le salaire annuel de la victime. Une disposition analogue dans la loi qui nous occupe, mettrait un terme à l'arbitraire, et fournirait une base d'évaluation juste, équitable et d'une application facile.

Quant à la juridiction devant connaître des accidents, si on les distrait des tribunaux ordinaires, le règlement des sinistres devrait être porté en première instance devant les conseils des prud'hommes, jugeant même, à titre définitif, les petites causes et les accidents sans gravité, de façon à ne laisser venir devant les tribunaux d'appel, que les affaires sérieuses, graves, qui n'auraient pu être conciliées par les prud'hommes.

L'attribution au conseil des prud'hommes, à une juridiction composée de patrons et d'ouvriers, des accidents du travail donnerait au justiciable, avec une garantie de compétence aussi directe que possible, l'avantage d'une procédure à laquelle ils sont accoutumés. Les affaires pourraient

[library stamp]

se traiter dans la forme rapide, usitée pour les questions de salaires. Les décisions frappées d'appel, viendraient d'urgence devant les juges du second degré avec une instruction complète, faite par des hommes compétents, ce qui donnerait aux jugements définitifs une grande force et une grande autorité.

En résumé, les lois doivent tenir compte des mœurs et de l'état politique d'un pays; elles doivent s'appuyer sur les faits et sur les principes.

La loi sur les accidents, telle que nous la connaissons en première lecture, ne tient compte ni des uns ni des autres; elle ne protège pas efficacement ceux au bénéfice desquels elle est faite, tout en se prêtant à la fraude; elle ressuscite un autre âge, porte atteinte au principe égalitaire de notre société moderne, en créant une classe de citoyens responsables à merci, c'est donc une mauvaise loi qu'il faut signaler et combattre en en appelant à la raison, aux principes supérieurs de la conservation sociale, à l'équité et à la justice.

PROJET DE LOI SUR LES ACCIDENTS DU TRAVAIL

Toute critique, à moins d'être vaine, doit être suivie de l'indication des moyens propres à réaliser les résultats cherchés. Dans la discussion à la Chambre des Députés, la commission, pour faire passer en première lecture son projet, a dû déclarer que son œuvre était le résultat de trois années d'études, et qu'il lui serait impossible de recommencer un pareil travail. Je reconnais que la question est difficile, délicate; toutefois, je suis d'avis qu'il vaudrait mieux reculer cette loi que de l'introduire dans notre législation, sans un examen suffisant.

Ceci dit, voici selon moi, d'après quels principes et dans quel sens cette loi pourrait être développée.

Les lois publiques ayant pour objet la sauvegarde des intérêts généraux de la société, une loi sur les accidents du travail, tout en réparant suffisamment le dommage, ne doit pas être une prime à l'imprévoyance. On doit inculquer à l'ouvrier l'idée qu'il ne doit pas s'exposer témérairement, et qu'il a le devoir de se refuser à tout travail présenté dans des conditions de garantie insuffisante; c'est le seul moyen de prévenir les sinistres.

Dans les accidents qui retombent sous la responsabilité

des patrons, *les seuls que la loi puisse atteindre*, il n'y en a guère qui ne tiennent par un fil quelconque, avoué ou secret, à l'imprévoyance de la victime. Les dommages-intérêts dans ce cas spécial, doivent donc être sagement limités : il ne faut ni descendre au-dessous d'un secours utile, ni les élever au point de causer la ruine de celui qui devra répondre, sur son bien, de la fatalité des circonstances.

Article premier

Lorsque, conformément au titre IV, chapitre II du code civil, il y aura lieu de faire application aux industriels, chefs d'entreprise, maîtres ou patrons, des dispositions contenues dans ce chapitre, sous les articles 1382-83-84 (1) pour responsabilité d'accidents survenus dans le travail aux ouvriers, commis et préposés, par eux employés, les dommages-intérêts seront calculés sur la base du salaire annuel de la victime.

« Pour les ouvriers travaillant à la journée, le salaire » annuel s'entend de la valeur de 300 journées de travail » multipliées par le gain du travail.

» Pour ceux travaillant à l'heure, le salaire journalier

---

(1) Art. 1382. — Tout fait quelconque de l'homme, qui cause à autrui un dommage, oblige celui par la faute duquel il est arrivé à le réparer.

Art. 1383. — Chacun est responsable du dommage qu'il a causé, non seulement par son fait, mais encore par sa négligence ou par son imprudence.

Art. 1384. — On est responsable non seulement du dommage que l'on cause par son propre fait, mais encore de celui qui est causé par le fait des personnes dont on doit répondre, ou des choses que l'on a sous sa garde.

» se compose du nombre d'heures formant l'unité de la » journée normale, sans que le maximum puisse dépasser » dix heures, multiplié par le prix de l'heure.

» Pour ceux travaillant au mois, le salaire annuel se » compose du gain mensuel multiplié par 12. »

Art. 2.

Si l'accident entraîne une incapacité absolue de tout travail, il sera alloué à la victime à titre de dommages-intérêts une rente viagère égale au quart de son salaire annuel, sans que cette rente puisse descendre au-dessous de 250 francs ni être supérieure à 700 francs.

Si l'accident n'entraîne qu'une incapacité permanente du travail de la profession, cette rente sera réduite de moitié.

Art. 3.

Pour une incapacité temporaire du travail, il sera alloué à la victime la moitié de son salaire pendant la durée du chômage occasionné par l'accident.

Art. 4.

En cas de mort, la veuve ou les enfants mineurs recevront à titre de dommages-intérêts, en capital, une année et demie du salaire de la victime.

Dans le cas où la victime ne laisserait ni femme, ni enfants mineurs, les héritiers majeurs ou ayants droit ne recevront que la moitié de cette indemnité.

ART. 5.

L'action en responsabilité pour cause d'accidents sera portée devant le conseil des prud'hommes, dans le ressort duquel aura lieu l'accident; elle devra être intentée, à peine de déchéance, dans les trois mois du jour de l'accident.

ART. 6.

Les prud'hommes prononceront sur l'action et sur les exceptions, s'il s'en élève.

Ils apprécieront les faits, diront si l'accident tombe ou ne tombe pas sous la responsabilité du patron, s'il y a incapacité absolue ou permanente du travail de la profession, et fixeront les dommages-intérêts à allouer, s'il y a lieu, conformément aux articles 2, 3 et 4.

Il sera loisible aux prud'hommes, si les conséquences de l'accident ne peuvent être exactement déterminées, de renvoyer le jugement définitif à une date ultérieure, dans les six mois qui suivront.

Ils prononceront en dernier ressort dans les cas d'incapacité temporaire, jusqu'à concurrence de 200 fr.

Les jugements rendus par les conseillers prud'hommes, seront exécutoires par provision.

ART. 7.

En cas d'appel, les affaires d'accident seront inscrites d'urgence au rôle des Tribunaux en dernier ressort, et jugés comme matières sommaires, conformément aux dispositions de l'article 404 du Code de procédure civile.

Dans l'énoncé qui précède, je n'ai cherché qu'à indiquer ce que pourrait être la loi, en empruntant au projet, actuellement en discussion, les dispositions qui rentrent dans mon cadre. Une loi ainsi conçue, pour les accidents de droit commun, aurait l'avantage de faire disparaître l'arbitraire et de fixer les esprits sur la responsabilité de l'un et la garantie de l'autre.

Quant aux accidents qui ne tombent pas sous la responsabilité du patron, il n'est point possible de les viser dans une loi pénale applicable à ceux-ci, sous quelque nom que ce soit. En principe, c'est à l'ouvrier à s'assurer contre ses propres risques; et lorsque l'on considère que, moyennant 8 francs par an, il peut se garantir contre les accidents de sa profession, on ne peut que le blâmer s'il ne le fait pas, mais la société n'a pas le droit de commettre une injustice pour parer aux conséquences de son insouciance.

Toutes les lois sur cette matière laisseront toujours l'ouvrier blessé devant l'aléa de la responsabilité pécuniaire du patron. Devant l'insolvabilité, le droit sans sanction, il n'y a que l'assurance générale et collective entre patrons et ouvriers. Elle viendra à son heure; on comprendra un jour qu'il y a avantage et profit pour les mœurs publiques à ne voir dans les accidents du travail, quels qu'ils soient, qu'un malheur digne d'intérêt, ne relevant que de l'assurance, et cela au grand profit de la dignité humaine; mais en attendant, je le répète, une loi, qui ferait disparaître l'arbitraire des dommages-intérêts, serait utile et rendrait de grands services.

PROJET DE LOI SUR L'ASSURANCE OBLIGATOIRE

La loi sur les accidents devrait être complétée par une loi sur les assurances pour les industries dangereuses, où les sinistres peuvent devenir, par leur fréquence et leur conséquence, un danger social.

L'assurance doit garantir les patrons contre les dommages-intérêts auxquels ils peuvent être condamnés, en cas de responsabilité ; et garantir aux ouvriers les conséquences des accidents non couverts par la responsabilité patronale.

Dans la pratique, il y a toujours une certaine difficulté à déterminer la cause d'un accident lorsqu'il s'agit d'en faire remonter la responsabilité à quelqu'un : L'ouvrier n'avoue jamais ce qui peut lui nuire, et le patron n'a d'autre préoccupation que de dégager sa responsabilité; *c'est humain, et il en sera toujours ainsi.* Le problème social posé à notre époque, doit trouver sa solution dans l'accord entre les éléments de la production; tout ce qui tendra à rapprocher l'ouvrier du patron, tout ce qui aura pour effet de faciliter cet accord, doit être recherché, et au contraire tout ce qui peut les aigrir et accentuer leur division, doit être écarté.

La sagesse voudrait que tout homme forcé de gagner sa

vie en travaillant, d'élever une famille, assurât les risques de son existence; mais peu d'hommes ont cette prévoyance, c'est seulement lorsque le malheur a porté ses coups qu'on songe à ce que l'on aurait dû faire, mais il est trop tard alors, et comme les hommes n'aiment pas à avouer leurs torts, et à plus forte raison à les reconnaître, ils s'en prennent à la société des conséquences funestes de leur insouciance.

En cas d'accident, il y a toujours une victime et quelquefois deux : celui qui est atteint et assez souvent celui qui est déclaré responsable. Étant donnée cette situation, ne voudrait-il pas mieux établir la responsabilité commune en principe, de façon à ne plus avoir cette recherche si délicate, si irritante de l'auteur responsable? ne serait-il pas préférable de créer l'assurance collective, dût-elle être obligatoire, que de placer la société dans l'alternative d'abandonner à lui-même l'imprévoyant victime de son imprudence, ou de couvrir le risque par une responsabilité qui peut être odieuse et inique, si elle n'est pas parfaitement justifiée?

Dans une démocratie comme la nôtre, où tous les hommes sont égaux et jouissent des mêmes droits, aucune classe sociale ne doit être une charge pour l'autre. Toutes les institutions doivent tendre à l'amélioration du sort des masses, et lorsque l'état des mœurs ne permet pas d'obtenir spontanément ce qui est utile au bien général de la société, j'avance qu'on ne doit pas reculer devant une pression justifiée par le but. L'assurance obligatoire est aussi acceptable dans notre société, que l'instruction obligatoire et le service obligatoire pour tous, passés maintenant dans nos mœurs républicaines.

Ceci dit, voyons les moyens d'assurances les plus propres à réaliser un secours efficace, pour l'ouvrier blessé ou vaincu sur le champ du travail.

L'assurance par l'État, créée spécialement pour l'ouvrier par la loi du 11 Juillet 1868, a l'avantage de coûter fort peu; moyennant 8 fr. par an, un travailleur peut s'assurer en cas d'accident grave, pouvant entraîner la privation complète de ses moyens d'action, une rente viagère de 300 à 500 fr. selon son âge. Cette assurance est peu pratiquée par les ouvriers, d'abord à cause de leur insouciance, et ensuite parce que la prime devant être payée en une seule fois, son renouvellement peut tomber dans un moment de gêne qui la fait négliger ou oublier. De plus, l'État ne garantit pas le risque temporaire qui est le plus commun, ce qui rend son système incomplet. Il ne permet pas l'assurance collective des masses, ce qui le rend incommode et impraticable pour les industriels, qui ont un grand mouvement dans le personnel ouvrier, rendant impossible l'assurance sur les têtes.

L'assurance individuelle par les Compagnies est plus répandue, surtout en province. Ce fait tient selon moi, à ce que dans les milieux calmes, l'ouvrier, plus porté à la réflexion, se rend mieux compte de son isolement et devient plus prévoyant. De plus, les compagnies par leurs courtiers intéressés, poussent, encouragent et sollicitent les assurances par une action directe, moyen que l'État n'a pas à sa disposition. Les compagnies d'assurances consentent des polices collectives basées sur le salaire général d'un atelier sans viser les individualités : elles sont contractées directement par les patrons, chefs d'industrie, au profit des ouvriers; les primes calculées sur la main d'œuvre sont payées par ces derniers qui doivent les recouvrer sur leurs ouvriers.

Depuis quelques années, les chambres syndicales industrielles, notamment les chambres du bâtiment qui forment le groupe de la rue de Lutèce, ont établi un système d'assurances qui donne d'excellents résultats. L'assurance est mutuelle entre les patrons et profite exclusivement aux ouvriers. Dans de certaines corporations, elle est *obligatoire* pour les ouvriers en ce que, les patrons exercent une retenue sur les salaires qui les couvrent de tout ou partie de la prime qu'ils doivent payer à la mutualité. Dans d'autres chambres syndicales, celle de plomberie et couverture par exemple, elle est philantropique, en ce sens que *les bénéficiaires ne paient absolument rien* dans la mutualité entre les patrons (1).

Ces organisations, qui ont pour elles l'expérience du temps et de la pratique, me paraissent complètement ignorées dans l'enceinte législative; le moment me semble donc opportun de les sortir de l'ombre et de les afficher au grand jour. Puisqu'on fait comparaître la classe dirigeante à la tribune, il n'est pas inutile d'établir, par des faits, pour les gens de bonne foi, que l'intérêt pour la classe ouvrière n'est pas le monopole de ceux qui en parlent le plus, et que de tout temps, les patrons ont pratiqué le bien, sans ostentation, simplement et dignement (2).

L'assurance n'est donc pas aussi difficile à établir qu'on pourrait le supposer au premier abord. Dans le département de la Seine, sur 150,000 ouvriers qu'occupent les industries du bâtiment, l'assurance *obligatoire* en touche près de la

---

(1) Voir l'extrait des Statuts annexe n° 2.

(2) Sans qu'il en ait coûté quoi que ce soit aux ouvriers, la Caisse d'assurances a payé aux ouvriers de ses membres adhérents:

En 1883, pour 60 accidents une somme de 10,737 fr. 30 c.

moitié, par le jeu que j'ai expliqué plus haut : il n'y a donc qu'un pas à faire, pour généraliser la mesure, en faisant ressortir des lois, la prévoyance et la garantie de la vie humaine.

On réaliserait pratiquement l'obligation, en faisant découler, pour l'ouvrier, la protection sociale de son obéissance aux lois. Dans un délai qui pourrait être d'une année, pour donner aux intérêts le temps de s'organiser, tous les ouvriers des industries classées, devraient être couverts de tout risque par une assurance, soit individuelle, soit collective, et dans des conditions de fonctionnement visant les dispositions suivantes :

Article premier.

Dans toutes les industries et professions dangereuses, dont le classement sera fait par les soins du gouvernement, les Chambres de commerce et les Chambres syndicales entendues, l'assurance contre les risques d'accidents provenant du travail sera obligatoire pour tous les ouvriers, contremaîtres, commis, employés et patrons de ces industries.

La liste des industries classées sera revisée tous les trois ans.

Elle sera déposée, à Paris, à la Préfecture de la Seine, et aux mairies des autres villes et communes de France.

Art. 2.

Comme sanction au principe de l'obligation inscrite dans l'article 1er de cette loi, aucune instance quelconque, pour règlement de salaire, appréciation d'ouvrage, dommages-intérêts pour accident ou autre cause, ne pourra être introduite près les tribunaux et les conseils de prud'hommes, sans que le demandeur, s'il exerce une profession dans les industries classées, ne justifie qu'il est assuré contre les risques de son travail, par police individuelle ou collective.

En retirant leur patente, les patrons devront justifier sous peine de contravention, qu'ils font partie d'une assurance qui les garantit, eux et leurs ouvriers, des risques de leur industrie.

Art. 3.

Les ouvriers, commis et employés sont libres de contracter l'assurance contre les accidents de leur profession, soit à la caisse de l'Etat, dans la classe et au tarif fixé pour une prime annuelle de 8 francs, soit à toute Compagnie ou Syndicats reconnus aptes à consentir des polices.

Art. 4.

Les Syndicats professionnels qui établiront des assurances collectives entre patrons et ouvriers, jouiront de l'affranchissement des droits dont les compagnies sont redevables à l'État.

Ils auront la faculté de réaliser, par la caisse de l'État, des rentes viagères sur la tête de leurs bénéficiaires, aux conditions de la loi sur les retraites, avec tous les avantages concédés aux Sociétés de secours mutuels reconnues.

Mais ils devront garantir aux ouvriers et employés, en

cas d'accidents, les indemnités et les rentes viagères portées sous les articles 2, 3 et 4 de la loi sur les accidents.

ART. 5.

Les retenues obligatoires sur les salaires des ouvriers et employés, dans les industries classées, ne pourront être supérieures à *cinq centimes* par journée de travail pour les salaires jusques et y compris 5 francs par jour, et de *dix centimes* pour les salaires au-dessus.

ART. 6.

Les accidents résultant des bravades, des témérités insensées, des désobéissances contre toute raison, entraînant péril certain, ne sont pas couverts par l'assurance, pas plus que les mutilations intentionnelles et le cas de suicide.

***

L'assurance établie sur les bases que j'indique ne gênerait en rien la liberté individuelle. En fonctionnant par les Chambres syndicales, par les groupes industriels, les ouvriers pourraient aller d'une maison dans l'autre sans souci de leur assurance, qui serait constituée de fait par les retenues prélevées sur leur gain, et reversées par les patrons des maisons où ils se trouveraient embauchés. Tout le monde étant assuré, en cas de sinistre, les ouvriers seraient absolument garantis, quelle que fût la solvabilité personnelle du patron. Cette organisation aurait pour effet de rapprocher les hommes, de faire taire les rancunes et disparaître des causes d'irritation. En effet la justice n'aurait plus à connaître, dans les accidents, que des faits tombant sous l'action publique, entraînant des peines correctionnelles ; les effets civils, les dommages-intérêts couverts par l'assurance ne donneraient plus lieu qu'à un compte de liquidation au profit des sinistrés.

Avec l'assurance obligatoire, l'ouvrier garanti dans sa vie active n'aurait plus à redouter la misère et la gêne des incapacités de travail ; il pourrait donc s'adonner à ses occupations professionnelles avec plus de tranquillité d'esprit. Cette épargne imposée, mais dont il pourrait chaque jour et à chaque instant constater les bienfaits, devrait lui faire prendre l'habitude de l'économie et le pousser dans la voie des institutions de prévoyance, qui font la force de la classe ouvrière en Angleterre. Il peut en résulter un bien immense pour la fortune du pays, et une grande amélioration sociale en rattachant les hommes par des intérêts communs, basés sur le principe de la solidarité humaine.

J.-B. GAUTHIER.

ANNEXE N° 1

LOI NADAUD SUR LES ACCIDENTS DU TRAVAIL

Votée en première lecture à la Chambre des Députés
le 24 Octobre 1884.

TITRE PREMIER

De la responsabilité de droit commun.

ARTICLE PREMIER

Dans les usines, manufactures, fabriques, chantiers, mines et carrières, entreprises de transports et, en outre, dans les autres exploitations de tous genres, où il est fait usage d'un outillage à moteur mécanique, le chef de l'entreprise est présumé responsable des accidents survenus dans le travail à ses ouvriers et préposés.

Mais cette présomption cesse lorsqu'il fournit la preuve, ou bien que l'accident est arrivé par force majeure ou cas fortuit qui ne peuvent être imputés, ni à lui, ni aux personnes dont il doit répondre, ou bien que l'accident a pour cause exclusive la propre imprévoyance de la victime.

Art. 2.

Il sera ajouté à la fin de l'article 404 (1) du Code de la procédure civile, les dispositions suivantes :

« Les demandes en dommages-intérêts, intentées en vertu des » articles 1382 à 1386 inclus du Code civil. »

TITRE II

De la responsabilité spéciale à raison des risques professionnels.

Art. 3.

Dans les industries spécifiées en l'article 1er qui précède, le chef de l'entreprise (sans préjudice de la responsabilité qui lui incombe aux termes du droit commun) encourt, vis-à-vis des personnes qu'il emploie, une responsabilité spéciale à raison du risque professionnel et doit en conséquence, dans les limites de l'article ci-après, venir en aide à tout ouvrier ou employé victime d'un accident dans l'exécution de son travail.

Art. 4.

La responsabilité spéciale dont il s'agit est limitée aux chiffres des pensions et secours que la Caisse d'assurances, en cas d'accidents (établie par la loi du 11 juillet 1868), alloue actuellement à l'assuré ou ayants droit de l'assuré lorsque la prime annuelle est de 8 francs, le tout conformément aux prescriptions et aux distinctions édictées en ladite loi du 11 juillet 1868.

---

(1) A ajouter à la suite des matières jugées sommairement.

ART. 5.

L'action à intenter en vertu des deux articles précédents devra être, à peine de déchéance, introduite dans les six mois du jour de l'accident.

Elle sera formée devant le juge de paix dans le ressort duquel aura lieu cet accident.

Le demandeur jouira, de plein droit, du bénéfice de l'assistance judiciaire. Sur sa simple déclaration, le juge de paix invitera immédiatement le syndic des huissiers à désigner un huissier.

ART. 6.

Le Juge de paix prononcera sur l'action et sur les exceptions, s'il s'en élève.

Il appréciera s'il y a incapacité absolue de travail ou seulement incapacité permanente du travail de la profession, et il fixera dans les limites indiquées à l'article 6, la pension ou le secours à allouer.

Il lui sera loisible, si les conséquences de l'accident ne peuvent être encore exactement déterminées, de renvoyer son jugement définitif à une date ultérieure dans les six mois qui suivront.

Dans tous les cas, si le défenseur justifie avoir contracté au profit du demandeur, une assurance à la caisse établie par la loi du 11 juillet 1868, le juge de paix sera tenu de surseoir jusqu'à ce que le comité institué par les articles 23 et suivants du décret du 10 août 1868, modifié par le décret du 13 août 1877, ait donné son avis en exécution de l'article 29 du premier de ces décrets, et le jugement à intervenir devra se conformer à cet avis, en ce qui concerne la détermination du genre d'incapacité de travail.

ART. 7.

Les jugements seront exécutoires par provision.

ART. 8.

Si l'accident donne ouverture à l'exercice d'actions en responsabilité de droit commun, dirigées conformément aux dispositions des articles 319 et 320 du Code pénal ou des articles 1382 et suivants du Code civil, soit contre les chefs d'industrie, soit contre les tiers, il demeurera loisible aux intéressés d'exercer ces actions sans qu'il puisse être opposé aucune fin de non recevoir à raison de l'instance précédemment portée devant le juge de paix.

Mais l'indemnité qui serait obtenue dans les termes du droit commun, en vertu des articles du Code pénal ou du Code civil susvisés et le montant de la condamnation qui aurait été prononcée par le juge de paix, en vertu du titre 2 de la présente loi, ne pourront pas être cumulés. Le montant de la condamnation prononcée par le juge de paix, s'il a été précédemment touché, viendra, jusqu'à due concurrence, en déduction du chiffre de l'indemnité qui sera ultérieurement allouée pour responsabilité de droit commun.

TITRE III

Dispositions communes aux deux titres précédents

ART. 9.

Si le chef d'entreprise avait contracté une assurance, à raison de la responsabilité lui incombant vis-à-vis de ses ouvriers et employés, la condamnation prononcée au profit de la victime de l'accident ou de ses ayants droit, emportera privilège dans les termes de l'article 2102 du Code civil sur l'indemnité due par l'assureur jusqu'à concurrence du montant des condamnations.

ART. 10.

Toute convention contraire à la présente loi est nulle de plein droit.

ANNEXE N° 2

CHAMBRE SYNDICALE

DES

ENTREPRENEURS DE COUVERTURE ET PLOMBERIE

de la Ville et du Département de la Seine

RUE DE LUTÈCE (CITÉ)

ASSOCIATION MUTUELLE DE GARANTIE CONTRE LES ACCIDENTS (1)

EXTRAIT DES STATUTS

ARTICLE PREMIER.

Il y a Société d'assurance mutuelle entre les Entrepreneurs de Couverture et Plomberie du Département de la Seine qui adhéreront aux présents Statuts conformément aux articles 6, 7 et 8.

Cette Société est fondée sous le patronage et sur l'initiative de la Chambre syndicale des Entrepreneurs de Couverture et Plomberie pour les travaux exécutés sur l'étendue du territoire continental de la France.

---

(1) Cette assurance remonte à l'année 1869.

ART. 2.

La Société a pour objet de garantir tous ses membres des conséquences pécuniaires des accidents causés aux personnes.

La garantie s'étend indifféremment aux accidents arrivés, soit aux personnes employées dans les travaux, soit aux personnes étrangères, pourvu que ces accidents soient le résultat de l'exécution desdits travaux.

Cette garantie est illimitée, quel que soit le montant des risques pécuniaires.

ART. 7.

L'assurance est contractée pour toute la durée de la Société, sauf le droit respectif du Sociétaire et de la Société de résilier le contrat à l'expiration de chaque période de trois années, en se prévenant réciproquement trois mois à l'avance, au moyen d'une déclaration signée du Sociétaire et notifiée au Conseil, ou signée du Président et notifiée au Sociétaire.

L'assurance a son effet à partir du lendemain du jour où le nouveau Sociétaire a signé son engagement. La période triennale prévue par le paragraphe précédent, ne court que du premier janvier qui suit le jour où l'assurance a été contractée.

ART. 9.

Tout Sociétaire devra adresser chaque semestre au siège social une déclaration signée du montant de ses dépenses de main-d'œuvre.

Il paiera une cotisation établie proportionnellement à sa dépense totale de main-d'œuvre de toute nature, y compris les charretiers pour leurs blessures personnelles, et pourra faire participer ses employés et commis, au bénéfice de l'assurance en en faisant au préalable la déclaration.

Cette cotisation est fixée annuellement à *cinquante centimes* par cent francs de la dépense totale de main-d'œuvre faite par l'associé et payable semestriellement au 15 janvier et au 15 juillet.

Elle pourra être augmentée ou diminuée suivant les besoins, par décision prise en Assemblée générale, pour l'exercice qui suivra la date de cette Assemblée.

Chaque associé, lors de son adhésion à l'assurance, versera une somme de *cent francs* à valoir sur sa cotisation; cette somme lui sera remboursée à la fin de son assurance en déduction et jusqu'à concurrence de sa dernière prime.

Art. 12.

Dans tous les cas, soit de sortie de l'assurance, soit de la perte de ses droits pour un motif quelconque, les sommes versées par l'assuré et celles échues pour sa cotisation, sont acquises à l'assurance.

Art 18.

La Société d'assurance est administrée par le Conseil de la Chambre syndicale.

Le Conseil d'administration est de droit le Bureau des Assemblées générales.

Tous les pouvoirs nécessaires pour gérer et administrer la Société sont conférés au Conseil, et sont exercés en son nom, par le Président qui a, par suite, qualité et pouvoirs pour représenter la Société en toutes choses et dans toutes les actions judiciaires ou autres dirigées contre les sociétaires ou en leur nom.

RÈGLEMENT

ART. 21.

Tout employé ou ouvrier blessé dans l'exercice de sa profession, recevra une indemnité quotidienne de la *moitié* de son salaire pendant la durée de l'incapacité temporaire, laquelle pourra varier de un à cent quatre-vingts jours.

La durée du chômage, servant de base à la fixation du montant de l'indemnité, sera constatée par un certificat du médecin de l'assurance ou de son délégué. Si le certificat émane d'un autre médecin, il devra être revêtu du visa du médecin de l'assurance.

ART. 22.

Tout accident entraînant une incapacité permanente du travail professionnel, *(telle que la perte d'une jambe, d'un pied, d'une main)* donnera droit, en faveur de la victime, à *une rente viagère et annuelle de 180 francs* payable trimestriellement, ou si la victime préfère la cession de cette rente, le Conseil pourra la racheter 80 0/0 du montant de cette rente, capitalisée sur le taux de 5 0/0.

Le service de la rente viagère sera fait par une Compagnie d'assurances sur la vie, choisie à cet effet par le Conseil.

ART. 23.

Tout accident entraînant une incapacité permanente et absolue de travail *(telle que la perte de la vue ou de l'usage des deux membres)*, donnera droit en faveur de la victime à *une rente annuelle et viagère de 350 francs* payable trimestriellement, avec facilité de cession ou de rachat aux mêmes conditions qu'à l'article 22.

Le service de la rente sera fait comme il est dit ci-dessus article 22.

Art. 24.

Un capital de 2,000 francs sera remis à la veuve et aux enfants mineurs d'un employé ou ouvrier mort par suite d'un accident, pour être partagé par moitié entre la veuve et les enfants mineurs.

La veuve, à défaut d'enfants mineurs, n'a toujours droit qu'à la moitié de l'indemnité.

Le père et la mère sexagénaires ou infirmes de la victime, à défaut d'enfants mineurs et de veuve, auront droit chacun au quart de l'indemnité.

Art. 25.

Les blessures ou les cas de mort résultant de l'ivresse manifeste, d'infraction aux règlements publics et particuliers, de rixes ou de luttes, sont exclus du bénéfice de l'assurance.

Celui qui aura employé sciemment des moyens ou documents mensongers, à l'effet d'exagérer les suites de l'accident, sera entièrement déchu de tous ses droits à une indemnité quelle qu'elle soit.

Art. 26.

Tout accident doit être déclaré au siège de l'assurance dans les *quarante-huit heures* sous peine de forclusion.

Art. 27.

Le blessé qui refuse de se rendre aux consultations du médecin et de se conformer à ses prescriptions, perd immédiatement tout droit à l'indemnité.

Art. 28.

Pour toute blessure causée par les ouvriers de l'assuré à un tiers, dans le cours des travaux, il pourra être versé (par analogie avec l'article 21), une indemnité de 3 fr. 75 par chaque jour de chômage dûment constaté par le médecin de l'assurance.

Nota : Les sinistres sont examinés et réglés par une Commission qui siège au local de la Chambre syndicale, 3 rue de Lutèce, le deuxième et quatrième mardi de chaque mois, à trois heures.

BIBLIOTHÈQUE R.F. IMPRIMÉS

IMPRIMERIE CENTRALE DES CHEMINS DE FER. — IMPRIMERIE CHAIX.
20, RUE BERGÈRE, PARIS. — 30782-4.

PARIS. — IMPRIMERIE CHAIX, 20, RUE BERGÈRE. — 30774-4

www.ingramcontent.com/pod-product-compliance
Ingram Content Group UK Ltd.
Pitfield, Milton Keynes, MK11 3LW, UK
UKHW020408220726
13923UKWH00004B/1824